l'école - el colegio	2
le voyage - el viaje	5
le transport - el transporte	8
la ville - la ciudad	10
le paysage - el paisaje	14
le restaurant - el restaurante	17
le supermarché - el supermercado	20
les boissons - las bebidas	22
l'alimentation - la comida	23
la ferme - la granja	27
la maison - la casa	31
le salon - el living	33
la cuisine - la cocina	35
la salle de bain - el baño	38
la chambre d'enfant - el cuarto de los chicos	42
les vêtements - la ropa	44
le bureau - la oficina	49
l'économie - la economía	51
les professions - las ocupaciones	53
les outils - las herramientas	56
les instruments de musique - los instrumentos musicales	57
le zoo - el zoológico	59
les sports - los deportes	62
les activités - las actividades	63
la famille - la familia	67
le corps - el cuerpo	68
l'hôpital - el hospital	72
l'urgence - la emergencia	76
la terre - la Tierra	77
...heure(s) - el reloj	79
la semaine - la semana	80
l'année - el año	81
les formes - las formas	83
les couleurs - colores	84
les oppositions - los opuestos	85
les nombres - los números	88
les langues - los idiomas	90
qui / quoi / comment - quién / qué / cómo	91
où - dónde	92

Impressum
Verlag: BABADADA GmbH, Nedderfeld 112 , 22529 Hamburg
Geschäftsführer / Verlagsleitung: Harald Hof
Druck: Books on Demand GmbH, In de Tarpen 42, 22848 Norderstedt

Imprint
Publisher: BABADADA GmbH, Nedderfeld 112 , 22529 Hamburg, Germany
Managing Director / Publishing direction: Harald Hof
Print: Books on Demand GmbH, In de Tarpen 42, 22848 Norderstedt

l'école
el colegio

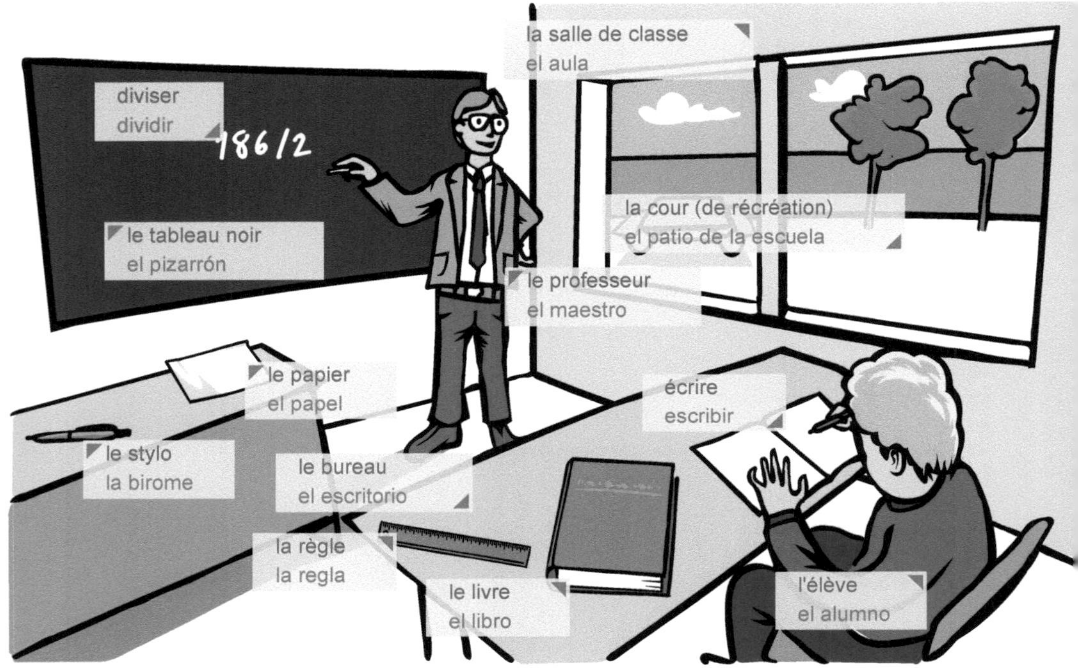
la salle de classe
el aula
diviser
dividir
186/2
le tableau noir
el pizarrón
la cour (de récréation)
el patio de la escuela
le professeur
el maestro
le papier
el papel
écrire
escribir
le stylo
la birome
le bureau
el escritorio
la règle
la regla
le livre
el libro
l'élève
el alumno

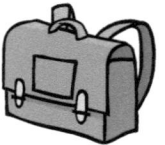

le cartable

la mochila

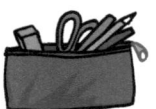

la trousse

la caja de lápices

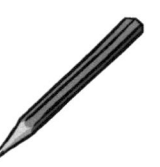

le crayon

el lápiz

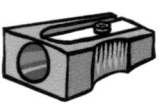

le taille-crayon

el sacapuntas

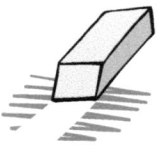

la gomme

la goma (de borrar)

le carnet à dessin

el bloc de dibujo

le dessin
el dibujo

le pinceau
el pincel

la boîte de peinture
la caja de pinturas

les ciseaux
la tijera

la colle
el pegamento

le cahier d'exercices
el cuaderno de ejercicios

les devoirs
la tarea

le chiffre
el número

additionner
sumar

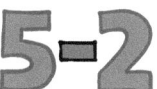

soustraire
restar

multiplier
multiplicar

calculer
calcular

la lettre
la letra

l'alphabet
el abecedario

le mot
la palabra

le texte

el texto

lire

leer

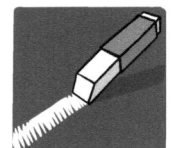

la craie

la tiza

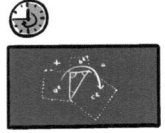

la leçon

la lección

le livre de classe

el cuaderno de clase

l'examen

el examen

le certificat

el certificado

l'uniforme scolaire

el uniforme escolar

la formation

la educación

le lexique

la enciclopedia

l'université

la universidad

le microscope

el microscopio

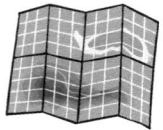

la carte

el mapa

la corbeille à papier

el tacho (de basura)

le voyage
el viaje

l'hôtel
el hotel
Grand
l'auberge
el hostel
ROOMS
CHANGE
le bureau de change
la casa de cambio
la valise
la valija
la voiture
el auto

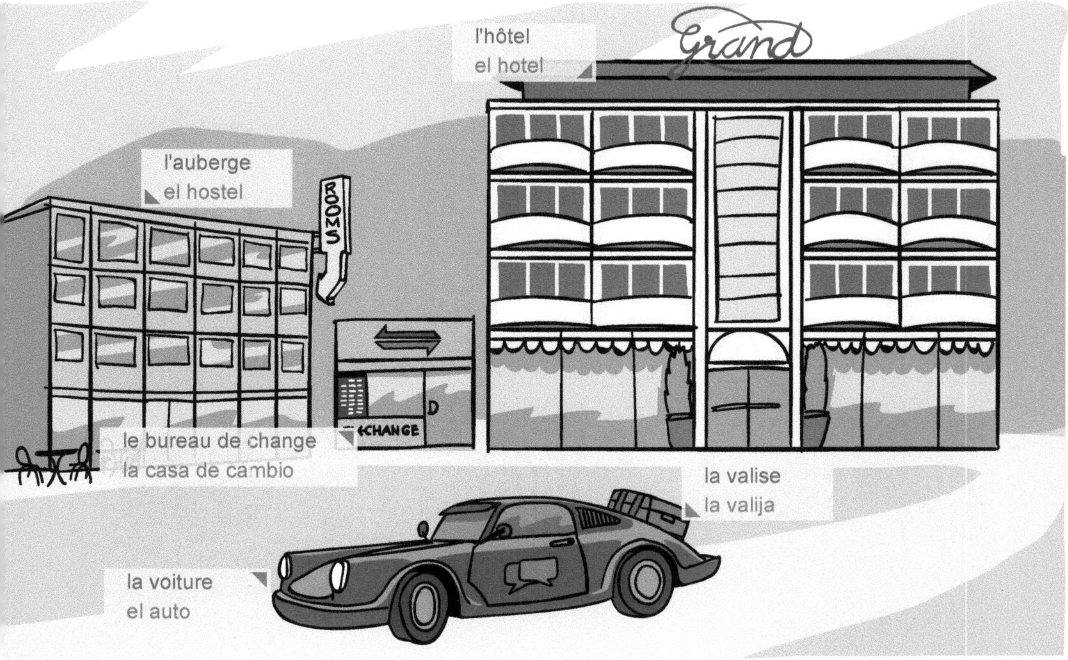

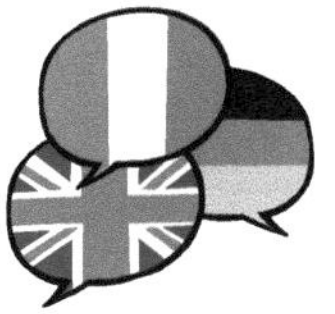

la langue
el idioma

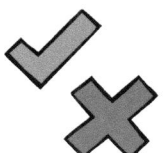

oui / non
sí / no

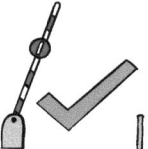

d'accord
Está bien

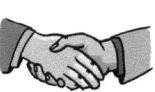

Salut
hola

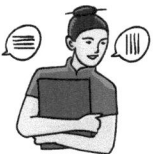

l'interprète
el traductor

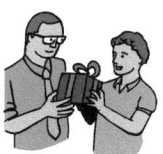

merci
Gracias

Combien coûte...?

¿cuánto cuesta...?

Je ne comprends pas

No entiendo

le problème

el problema

Bonsoir !

¡Buenas tardes!

Bonjour !

¡Buenos días!

Bonne nuit !

¡Buenas noches!

Au revoir

el adiós

la direction

la dirección

les bagages

el equipaje

le sac

el bolso

le sac-à-dos

la mochila

l'hôte

el invitado

la pièce

la habitación

le sac de couchage

la bolsa de dormir

la tente

la carpa

l'office de tourisme

la información turística

la plage

la playa

la carte de crédit

la tarjeta de crédito

le petit-déjeuner

el desayuno

le déjeuner

el almuerzo

le dîner

la cena

le billet

el pasaje

l'ascenseur

el ascensor

le timbre

el sello

la frontière

la frontera

la douane

la aduana

l'ambassade

la embajada

le visa

la visa

le passeport

el pasaporte

le transport
el transporte

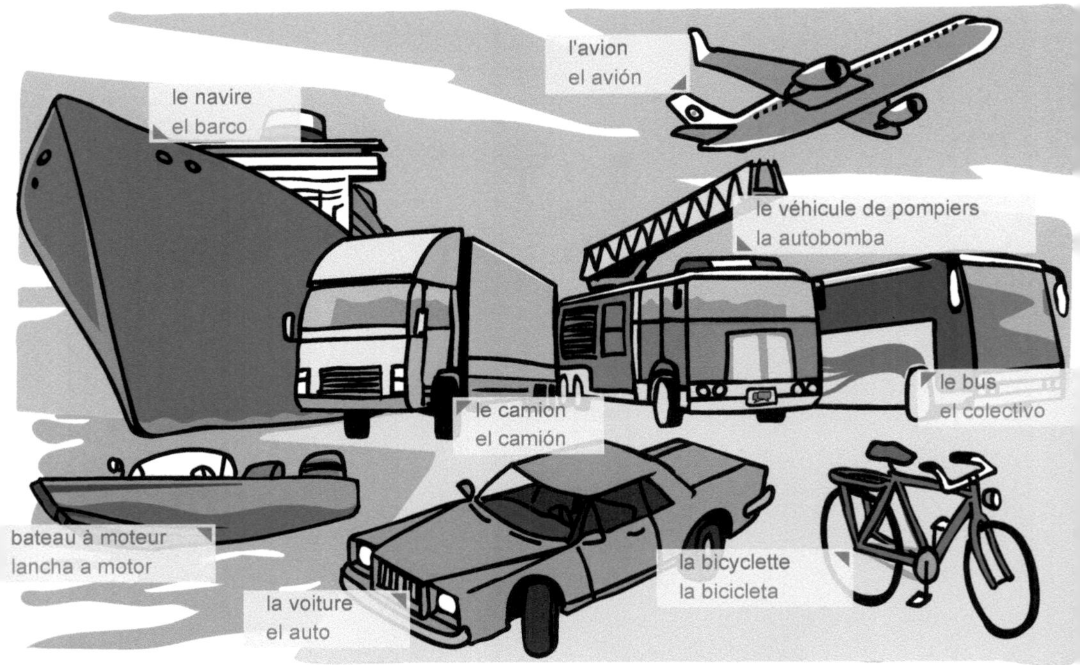
l'avion
el avión
le navire
el barco
le véhicule de pompiers
la autobomba
le bus
el colectivo
le camion
el camión
bateau à moteur
lancha a motor
la bicyclette
la bicicleta
la voiture
el auto

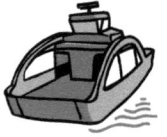

le ferry

el ferry

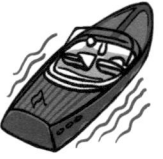

la barque

el bote

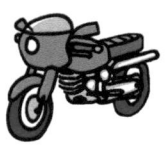

la moto

la moto

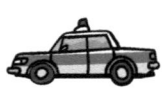

la voiture de police

el patrullero

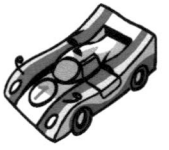

la voiture de course

el auto de carreras

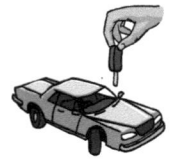

la voiture de location

el auto de alquiler

l'auto-partage

el alquiler de autos

la voiture de remorquage

la grúa

la benne à ordures

el camión de la basura

le moteur

el motor

l'essence

la nafta

la station d'essence

la estación de servicio

le panneau indicateur

la señal de tránsito

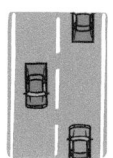

le trafic

el tránsito

l'embouteillage

el embotellamiento

le parking

el estacionamiento

la gare

la estación de tren

les rails

las vías

le train

el tren

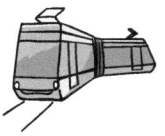

le tramway

el tranvía

le wagon

el vagón

l'hélicoptère

el helicóptero

l'aéroport

el aeropuerto

la tour

la torre

le passager

el pasajero

le conteneur

el contenedor

le carton

la caja de cartón

le chariot

la carretilla

la corbeille

la canasta

décoller / atterrir

despegar / aterrizar

la ville
la ciudad

le village

el pueblo

le centre-ville

el centro de la ciudad

la maison

la casa

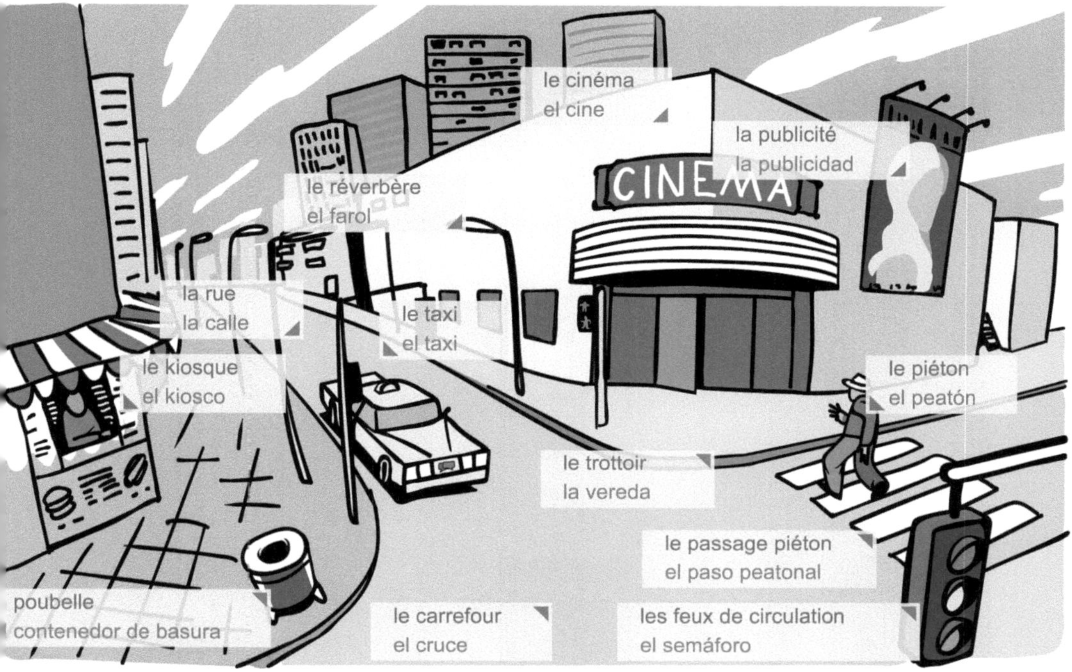

le cinéma
el cine

la publicité
la publicidad

le réverbère
el farol

la rue
la calle

le taxi
el taxi

CINEMA

le kiosque
el kiosco

le piéton
el peatón

le trottoir
la vereda

le passage piéton
el paso peatonal

poubelle
contenedor de basura

le carrefour
el cruce

les feux de circulation
el semáforo

la cabane
la cabaña

l'appartement
el departamento

la gare
la estación de tren

la mairie
la municipalidad

le musée
el museo

l'école
el colegio

l'université

la universidad

la banque

el banco

l'hôpital

el hospital

l'hôtel

el hotel

la pharmacie

la farmacia

le bureau

la oficina

la librairie

la librería

le magasin

el negocio

le fleuriste

la florería

le supermarché

el supermercado

le marché

el mercado

le grand magasin

las grandes tiendas

la poissonnerie

la pescadería

le centre commercial

el centro comercial

le port

el puerto

le parc

el parque

la banque

el banco

le pont

el puente

les escaliers

las escaleras

le métro

el subte

le tunnel

el túnel

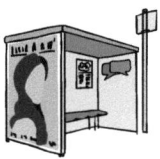

l'arrêt de bus

la parada del colectivo

le bar

el bar

le restaurant

el restaurante

la boîte à lettres

el buzón

le panneau indicateur

el letrero

le parcmètre

el parquímetro

le zoo

el zoológico

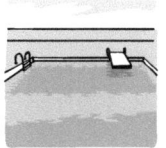

le réverbère

la pileta

la mosquée

la mezquita

la ferme
la granja

la pollution
la contaminación

la cimetière
el cementerio

l'église
la iglesia

l'aire de jeux
los juegos infantiles

le temple
el templo

le paysage
el paisaje

la feuille
la hoja

le panneau indicateur
el poste indicador

le chemin
el camino

le pré
la pradera

la pierre
la piedra

l'arbre
el árbol

le randonneur
el excursionista

la rivière
el río

l'herbe
la hierba

la fleur
la flor

la vallée
el valle

la montagne
la montaña

le lac
el lago

la forêt
el bosque

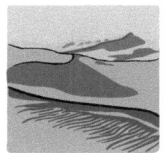

le désert
el desierto

le volcan
el volcán

le château
el castillo

l'arc-en-ciel
el arco iris

le champignon
el champiñón

le palmier
la palmera

le moustique
el mosquito

la mouche
la mosca

les fourmis
la hormiga

l'abeille
la abeja

l'araignée
la araña

le coléoptère

el escarabajo

la grenouille

la rana

l'écureuil

la ardilla

le hérisson

el erizo

le lièvre

la liebre

la chouette

la lechuza

l'oiseau

el pájaro

le cygne

el cisne

le sanglier

el jabalí

le cerf

el ciervo

l'élan

el alce

le barrage

la presa

l'éolienne

el aerogenerador

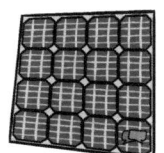

le panneau solaire

el panel solar

le climat

el clima

le restaurant
el restaurante

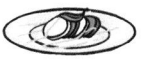

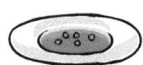

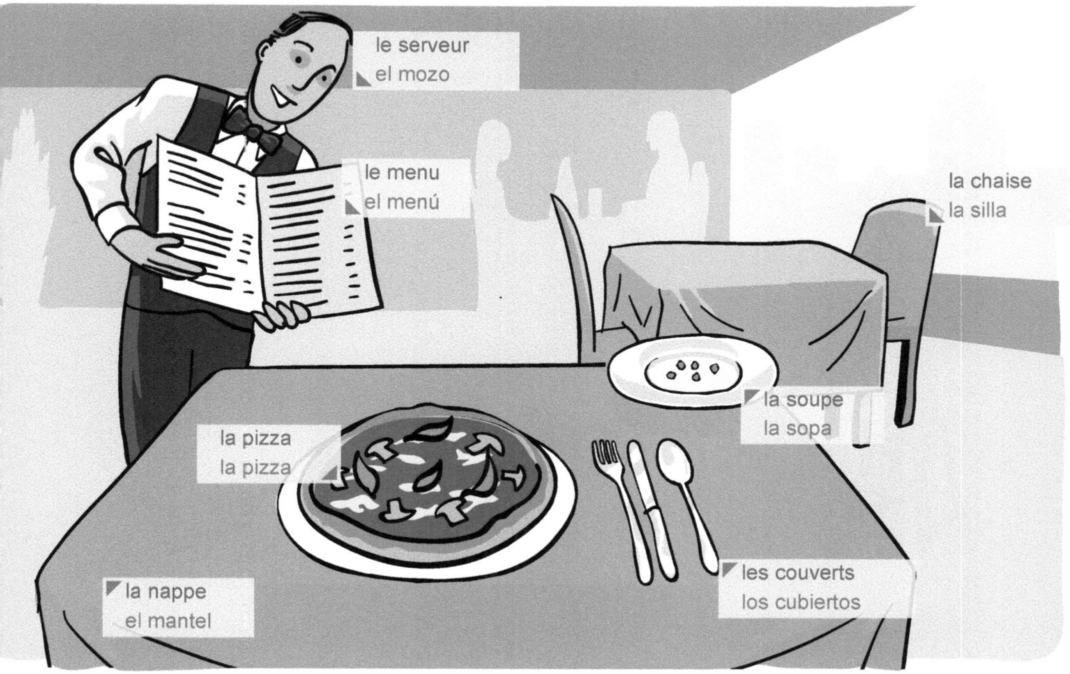
le serveur
el mozo
le menu
el menú
la chaise
la silla
la soupe
la sopa
la pizza
la pizza
les couverts
los cubiertos
la nappe
el mantel

les hors d'œuvre

la entrada

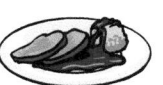

le plat principal

el plato principal

le dessert

el postre

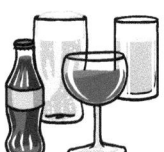

les boissons

las bebidas

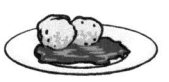

l'alimentation

la comida

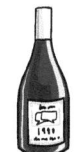

la bouteille

la botella

le fast-food
la comida rápida

les plats à emporter
la comida callejera

la théière
la tetera

le sucrier
la azucarera

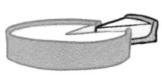

la portion
la porción

la machine à expresso
la cafetera expreso

la chaise haute
la sillita alta

la facture
la cuenta

le plateau
la bandeja

le couteau
el cuchillo

la fourchette
el tenedor

la cuillère
la cuchara

la cuillère à thé
la cucharita

la serviette
la servilleta

le verre
el vaso

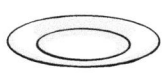

l'assiette
el plato

l'assiette à soupe
el plato hondo

la soucoupe
el plato

la sauce
la salsa

la salière
el salero

le moulin à poivre
el molinillo de pimienta

le vinaigre
el vinagre

l'huile
el aceite

les épices
las especias

le ketchup
el kétchup

la moutarde
la mostaza

la mayonnaise
la mayonesa

le supermarché

el supermercado

l'offre promotionnelle
la oferta especial
FOR
le client
el cliente
les produits laitiers
los lácteos
les fruits
la fruta
le chariot
el changuito

BUTCHERS

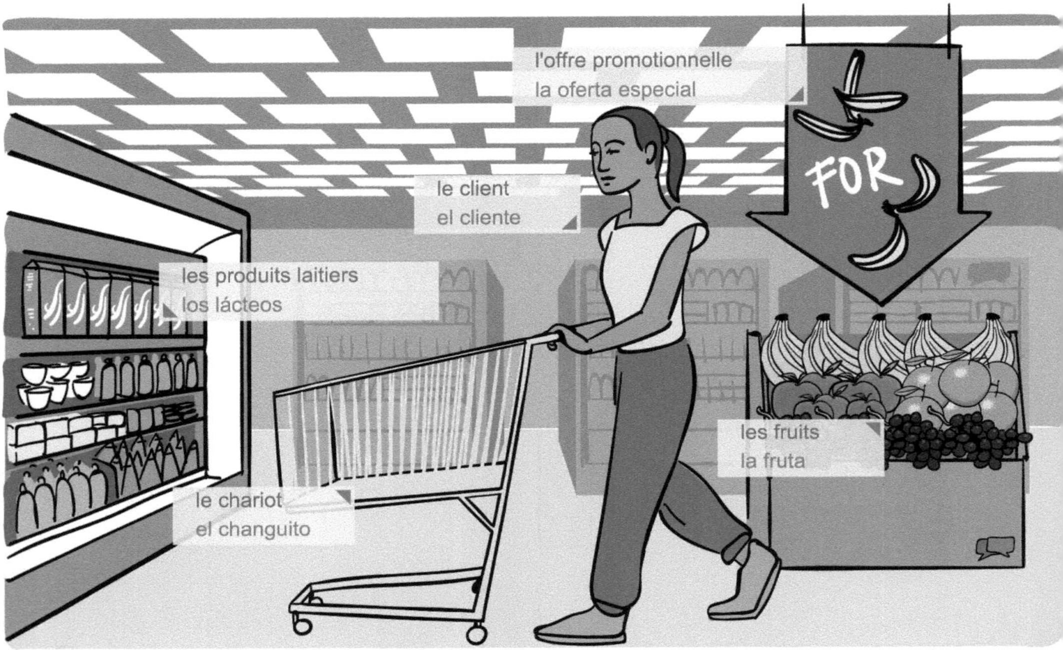

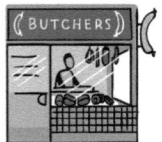

la boucherie

la carnicería

BAKERY

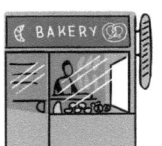

la boulangerie

la panadería

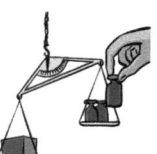

peser

pesar

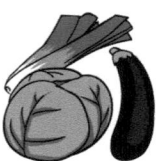

les légumes

las verduras

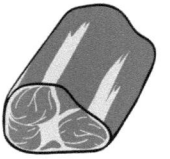

la viande

la carne

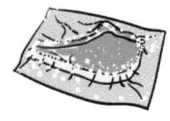

les aliments surgelés

los alimentos congelados

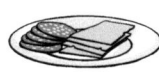

la charcuterie
los fiambres

les conserves
los alimentos enlatados

la poudre à lessive
el detergente en polvo

les bonbons
las golosinas

les articles ménagers
los electrodomésticos

les détergents
los productos de limpieza

la vendeuse
la vendedora

la caisse
la caja

le caissier
el cajero

la liste d'achats
la lista de compras

les heures d'ouverture
el horario de atención

le portefeuille
la billetera

la carte de crédit
la tarjeta de crédito

le sac
la cartera

le sac en plastique
la bolsa de plástico

l'eau
el agua

le jus de fruit
el jugo

le lait
la leche

le coca
la bebida cola

le vin
el vino

la bière
la cerveza

l'alcool
el alcohol

le chocolat chaud
el cacao

le thé
el té

le café
el café

l'expresso
el café expreso

le cappuccino
el cappuccino

la banane
la banana

la pomme
la manzana

l'orange
la naranja

le melon
el melón

le citron.
el limón

la carotte
la zanahoria

l'ail
el ajo

le bambou
el bambú

l'oignon
la cebolla

le champignon
el champiñón

les noisettes
las nueces

les pâtes
los fideos

les spaghetti

los tallarines

le riz

el arroz

la salade

la ensalada

les pommes frites

las papas fritas

les pommes de terre rôties

las papas fritas

la pizza

la pizza

le hamburger

la hamburguesa

le sandwich

el sándwich

l'escalope

el churrasco

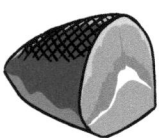

le jambon

el jamón

le salami

el salame

la saucisse

la salchicha

le poulet

el pollo

le rôti

el asado

le poisson

el pescado

l'alimentation - la comida

les flocons d'avoine

los copos de avena

le muesli

el muesli

les cornflakes

los copos de maíz

la farine

la harina

le croissant

la medialuna

les petits-pains

el pancito

le pain

el pan

le pain grillé

la tostada

les biscuits

las galletitas

le beurre

la manteca

le fromage blanc

la cuajada

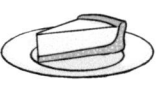

le gâteau

la torta

l'œuf

el huevo

l'œuf au plat

el huevo frito

le fromage

el queso

la glace
el helado

le sucre
el azúcar

le miel
la miel

la confiture
la mermelada

la crème nougat
la pasta de chocolate

le curry
el curry

la ferme
la granja

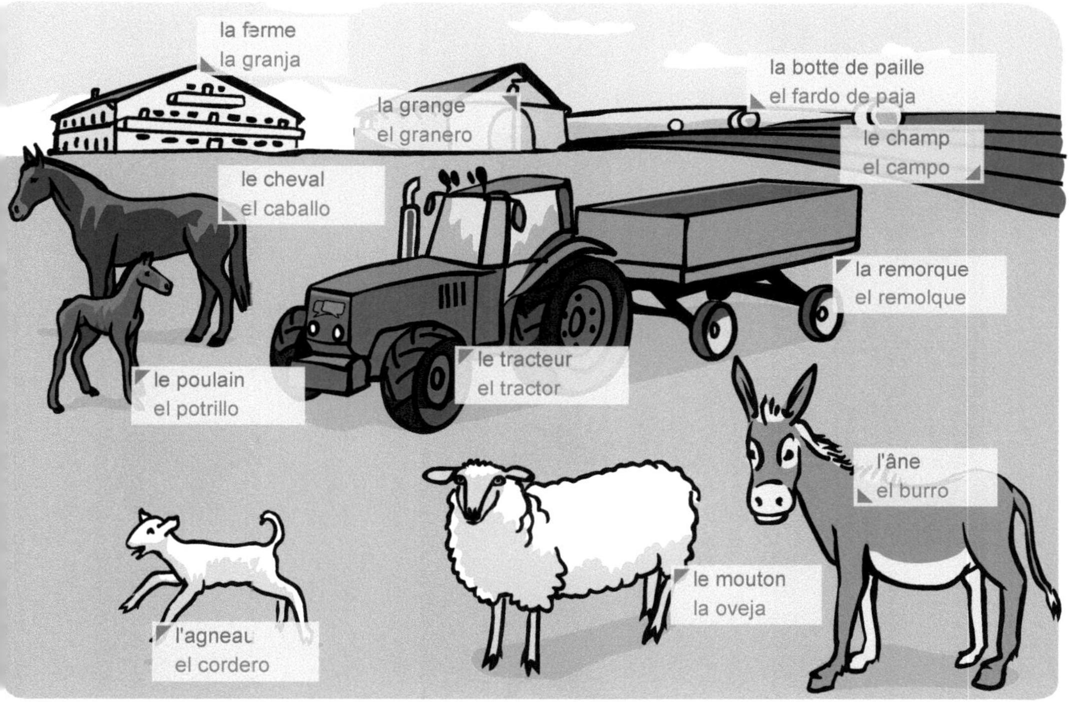
la ferme
la granja
la botte de paille
el fardo de paja
la grange
el granero
le champ
el campo
le cheval
el caballo
la remorque
el remolque
le tracteur
el tractor
le poulain
el potrillo
l'âne
el burro
le mouton
la oveja
l'agneau
el cordero

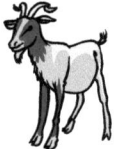

la chèvre
la cabra

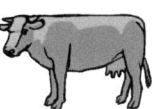

la vache
la vaca

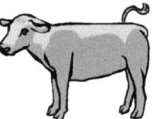

le veau
el ternero

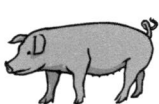

le porc
el cerdo

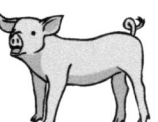

le porcelet
el lechón

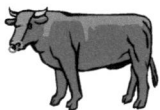

le taureau
el toro

l'oie
el ganso

le canard
el pato

le poussin
el pollo

la poule
la gallina

le coq
el gallo

le rat
la rata

le chat
el gato

la souris
el ratón

le bœuf
el buey

le chien
el perro

le chenil
la cucha

le tuyau de jardin
la manguera

l'arrosoir
la regadera

la faucheuse
la guadaña

la charrue
el arado

la faucille

la hoz

la pioche

la azada

la fourche

la horquilla

la hache

el hacha

la brouette

la carretilla

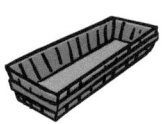

la cuve

el abrevadero

le pot à lait

la lechera

le sac

la bolsa

la clôture

la reja

l'étable

el establo

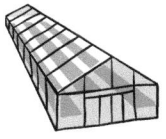

le serre

el invernadero

le sol

el suelo

les semences

la semilla

l'engrais

el fertilizador

la moissonneuse-batteuse

la cosechadora

récolter
cosechar

la récolte
la cosecha

l'igname
las batatas

le blé
el trigo

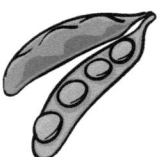

le soja
la soja

la pomme de terre
la papa

le maïs
el maiz

le colza
la semilla de colza

l'arbre fruitier
el árbol frutal

le manioc
la mandioca

les céréales
los cereales

la maison
la casa

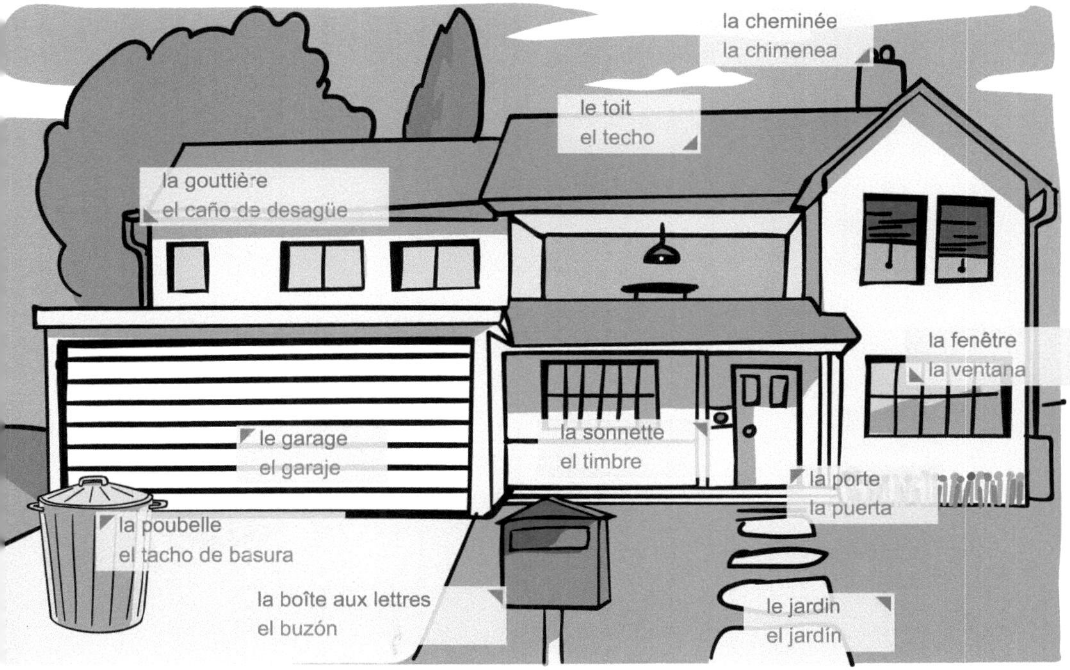
la cheminée
la chimenea
le toit
el techo
la gouttière
el caño de desagüe
la fenêtre
la ventana
le garage
el garaje
la sonnette
el timbre
la porte
la puerta
la poubelle
el tacho de basura
la boîte aux lettres
el buzón
le jardin
el jardín

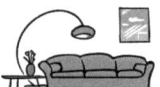

le salon

el living

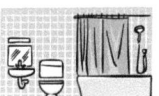

la salle de bain

el baño

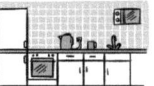

la cuisine

la cocina

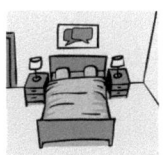

la chambre à coucher

el dormitorio

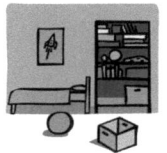

la chambre d'enfant

el cuarto de los chicos

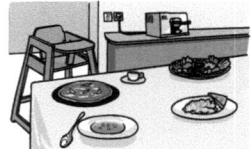

la salle à manger

el comedor

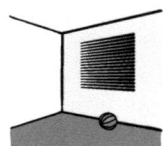

le sol
....
el piso

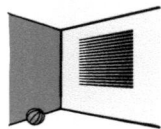

le mur
....
la pared

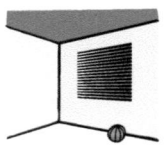

le plafond
....
el cielorraso

la cave
....
el sótano

le sauna
....
el sauna

le balcon
....
el balcón

la terrasse
....
la terraza

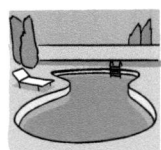

la piscine
....
la pileta

la tondeuse à gazon
....
la cortadora de pasto

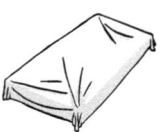

la housse
....
la sábana

la couette
....
el acolchado

le lit
....
la cama

le balai
....
la escoba

le sceau
....
el balde

l'interrupteur
....
el interruptor

le salon
el living

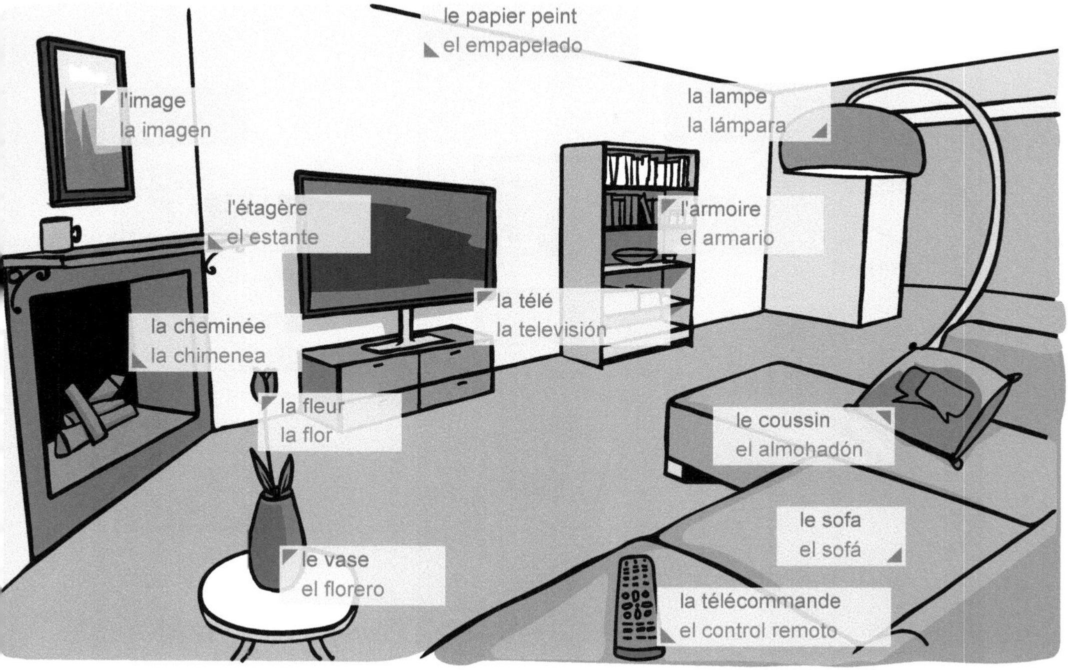

le papier peint
el empapelado

l'image
la imagen

la lampe
la lámpara

l'étagère
el estante

l'armoire
el armario

la cheminée
la chimenea

la télé
la televisión

la fleur
la flor

le coussin
el almohadón

le vase
el florero

le sofa
el sofá

la télécommande
el control remoto

le tapis
la alfombra

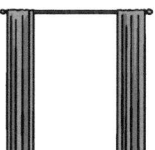

le rideau
la cortina

la table
la mesa

la chaise
la silla

la chaise à bascule
la mecedora

le fauteuil
el sillón

le livre
el libro

la couverture
la frazada

la décoration
la decoración

le bois de chauffage
la leña

le film
la película

la chaîne hi-fi
el equipo de música

la clé
la llave

le journal
el diario

la peinture
la pintura

le poster
el póster

la radio
la radio

le bloc-notes
el cuaderno

l'aspirateur
la aspiradora

le cactus
el cactus

la bougie
la vela

la cuisine
la cocina

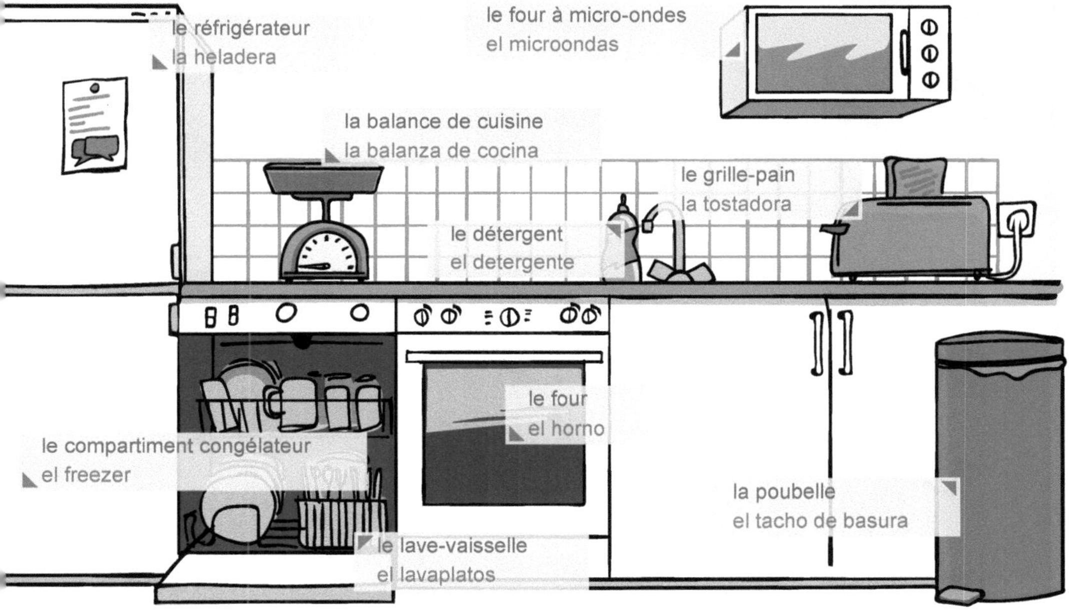
le réfrigérateur
la heladera
le four à micro-ondes
el microondas
la balance de cuisine
la balanza de cocina
le grille-pain
la tostadora
le détergent
el detergente
le four
el horno
le compartiment congélateur
el freezer
la poubelle
el tacho de basura
le lave-vaisselle
el lavaplatos

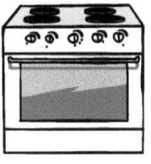

le four
la cocina

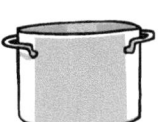

la casserole
la olla

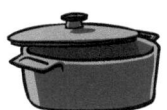

la marmite
la olla de hierro fundido

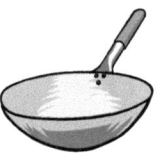

le wok / kadai
el wok

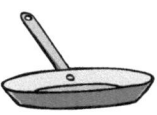

la poêle
la sartén

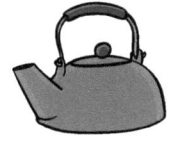

la bouilloire electrique
la pava

le cuiseur vapeur

la vaporera

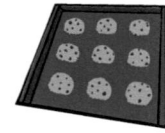

la plaque de cuisson

la bandeja de horno

la vaisselle

la vajilla

le gobelet

la taza

la coupe

el bol

les baguettes

los palitos

la louche

el cucharón

la spatule

la espátula

le fouet

la batidora

la passoire

el colador

le tamis

el colador

la râpe

el rallador

le mortier

el mortero

le barbecue

la parrilla

la cheminée

la fogata

la planche à découper
la tabla de picar

le rouleau à pâtisserie
el palo de amasar

le tire-bouchon
el sacacorchos

la boîte
la lata

l'ouvre-boîte
el abrelatas

les maniques
la manopla

le lavabo
la pileta

la brosse
el cepillo

l'éponge
la esponja

le mixeur
la batidora

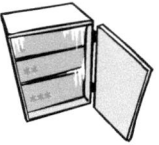

le congélateur
el congelador

le biberon
la mamadera

le robinet
la canilla

la cuisine - la cocina

la salle de bain

el baño

le chauffage
la calefacción
la douche
la ducha
la serviette
la toalla
le rideau de douche
la cortina de la ducha
le bain moussant
el baño de espuma
la baignoire
la bañadera
le verre
el vaso
la machine à laver
el lavarropas
le robinet
la canilla
le carrelage
las baldosas
le pot
la pelela
le lavabo
la pileta

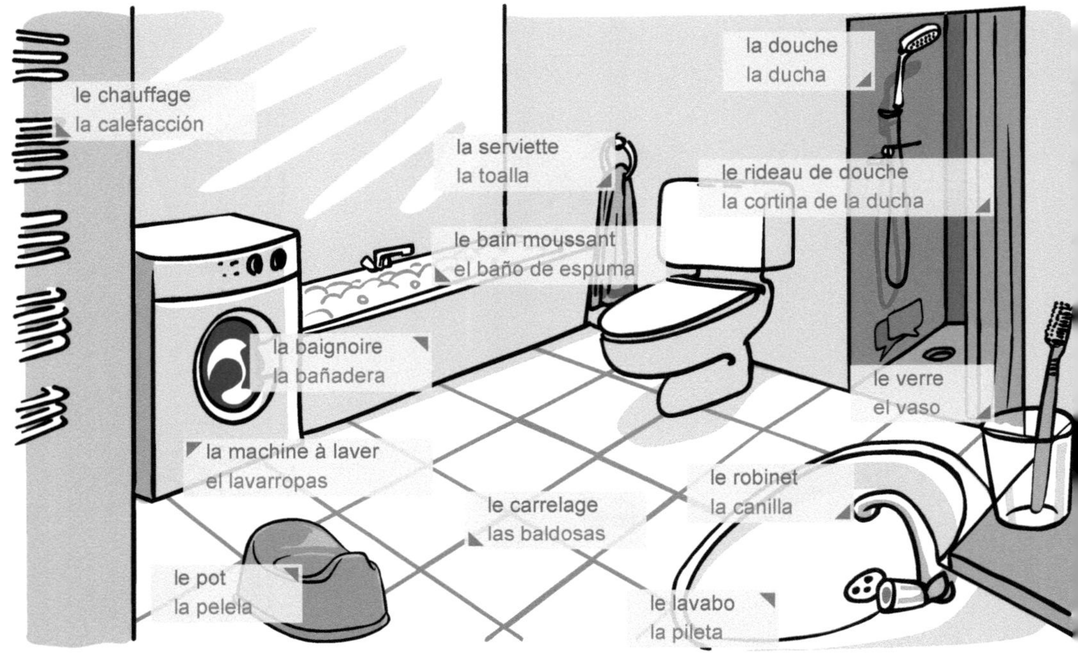

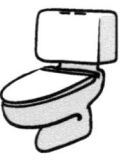

les toilettes

el inodoro

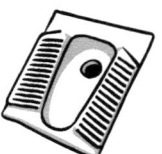

la toilette à la turque

la letrina

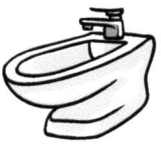

le bidet

el bidé

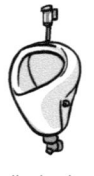

l'urinoir

el mingitorio

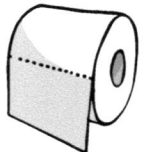

le papier toilette

el papel higiénico

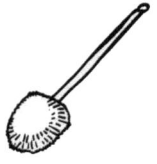

la brosse à toilette

el cepillo para el inodoro

la brosse à dents

el cepillo de dientes

le dentifrice

el dentífrico

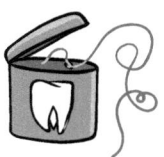

le fil dentaire

el hilo dental

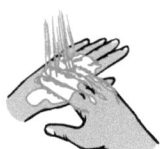

laver

lavar

la douche manuelle

la ducha de mano

la douche intime

la ducha higiénica

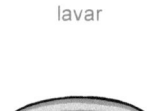

la vasque

la palangana

la brosse dorsale

el cepillo para la espalda

le savon

el jabón

le gel douche

el gel de ducha

le shampooing

el shampoo

le gant de toilette

la toallita

l'écoulement

el desagüe

la crème

la crema

le déodorant

el desodorante

le miroir

el espejo

le miroir cosmétique

el espejito

le rasoir

la maquinita de afeitar

la mousse à raser

la espuma de afeitar

l'après-rasage

el aftershave

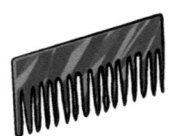

la peigne

el peine

la brosse

el cepillo

le sèche-cheveux

el secador de pelo

la laque pour cheveux

el spray

le fond de teint

el maquillaje

le rouge à lèvres

el lápiz de labios

le vernis à ongles

el esmalte para uñas

l'ouate

el algodón

le coupe-ongles

la tijera para uñas

le parfum

el perfume

la trousse de toilette

el portacosméticos

le tabouret

la banqueta

le pèse-personne

la balanza

le peignoir

la bata

les gants de nettoyage

los guantes de goma

le tampon

el tampón

les serviettes hygiéniques

la toallita femenina

la toilette chimique

el baño químico

la chambre d'enfant

el cuarto de los chicos

le réveil
el despertador
le doudou
el peluche
la voiture jouet
el coche de juguete
le hochet
el sonajero
la maison de poupée
la casa de muñecas
le cadeau
el regalo

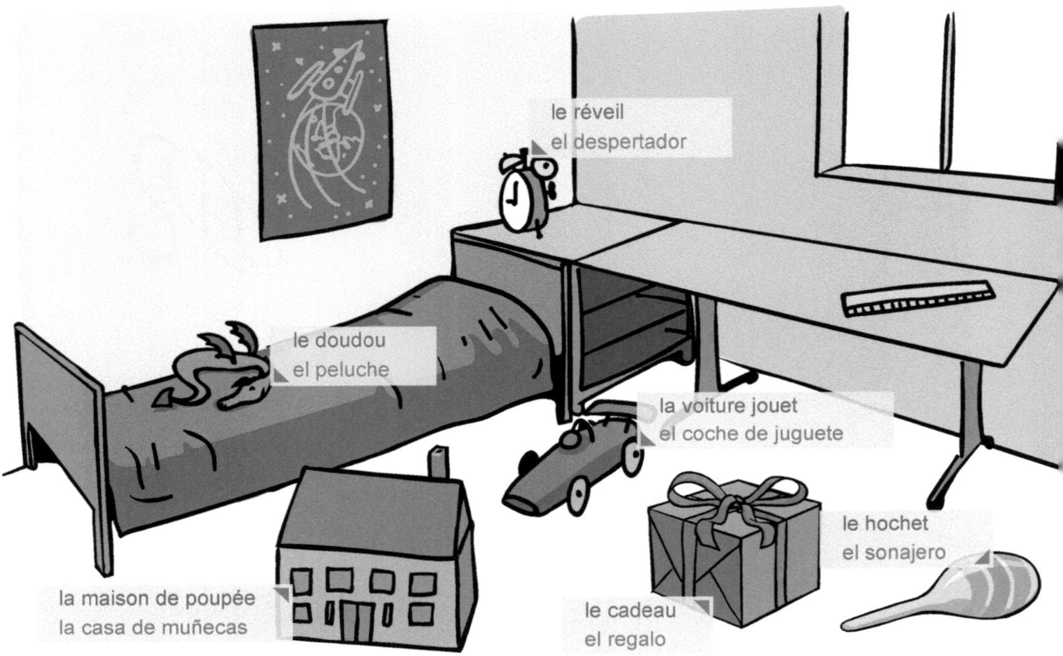

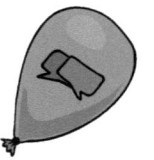

le ballon

el globo

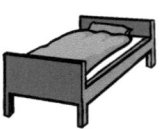

le lit

la cama

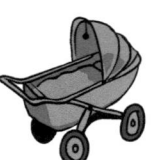

la poussette

el cochecito

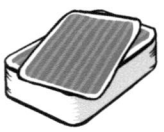

le jeu de cartes

las cartas

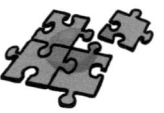

le puzzle

el rompecabezas

SUPER
MEGA

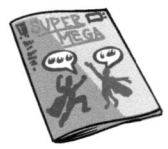

la bande dessinée

la historieta

les pièces lego
las piezas de lego

les blocs de construction
los ladrillos de juguete

la figurine
la figura de acción

la grenouillère
el enterito (de bebé)

le frisbee
el frisbee

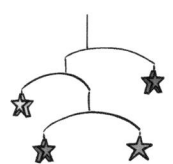

le mobile
el móvil para bebés

le jeu de société
el juego de mesa

le dé
los dados

le train miniature
el tren eléctrico

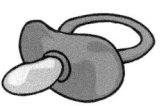

la sucette
el chupete

la fête
la fiesta

le livre d'images
el libro de cuentos ilustrado

la balle
la pelota

la poupée
la muñeca

jouer
jugar

le bac à sable

el arenero

la balançoire

la hamaca

les jouets

los juguetes

la console de jeu

la consola de videojuegos

le tricycle

el triciclo

l'ours en peluche

el osito de peluche

l'armoire

el armario

les vêtements

la ropa

les chaussettes

las medias

les bas

las medias panty

le collant

las calzas

l'écharpe
la bufanda

la ceinture
el cinturón

le parapluie
el paraguas

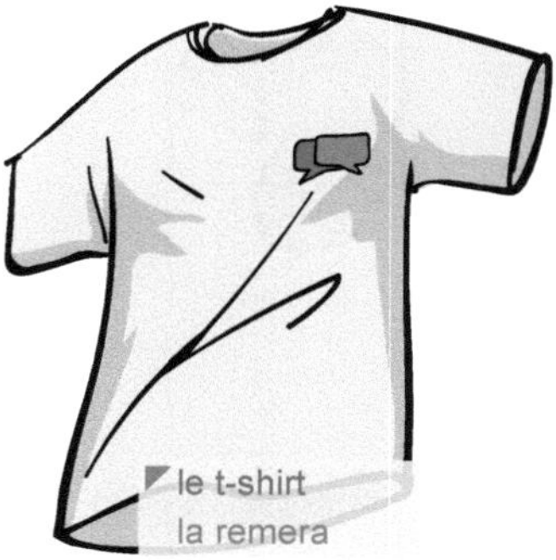

le t-shirt
la remera

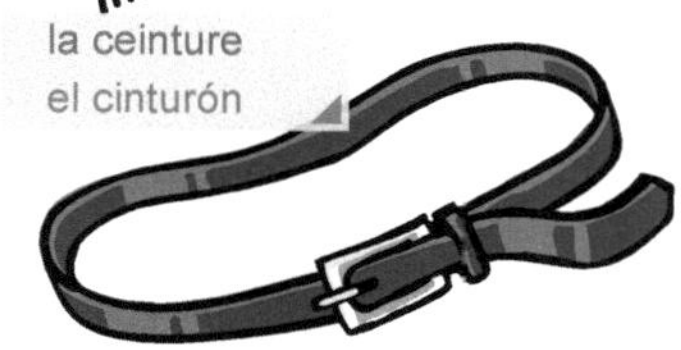

les baskets
las zapatillas

les bottes
las botas

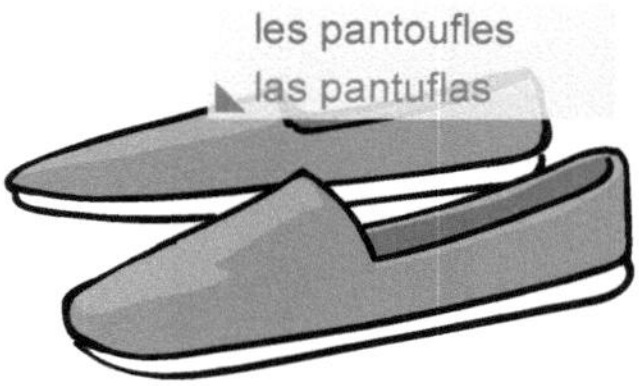

les pantoufles
las pantuflas

les sandales

las sandalias

les chaussures

los zapatos

les bottes de caoutchouc

las botas de goma

les sous-vêtements

la ropa interior

le soutien-gorge

el corpiño

le maillot de corps

el chaleco

le body
el body

le pantalon
los pantalones

le jean
los jeans

la jupe
la pollera

le chemisier
la blusa

la chemise
la camisa

le pull
el pulóver

le sweat à capuche
el buzo

la veste
el blazer

la veste
la campera

le manteau
el tapado

l'imperméable
el piloto

le costume
el traje

la robe
el vestido

la robe de mariée
el vestido de novia

les vêtements - la ropa

le costume
el traje

la chemise de nuit
el camisón

le pyjama
el pijama

le sari
el sari

le foulard
el pañuelo para la cabeza

le turban
el turbante

la burqa
la burka

le caftan
el caftán

l'abaya
la abaya

le maillot de bain
el traje de baño

le maillot de bain
el short de baño

le short
los shorts

la tenue d'entraînement
el jogging

le tablier
el delantal

les gants
los guantes

le bouton
el botón

les lunettes
los anteojos

le bracelet
la pulsera

le collier
el collar

la bague
el anillo

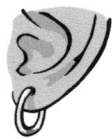

la boucle d'oreille
el aro

le bonnet
la gorra

le cintre
la percha

le chapeau
el sombrero

la cravate
la corbata

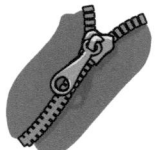

la fermeture éclair
el cierre

le casque
el casco

les bretelles
los tiradores

l'uniforme scolaire
el uniforme escolar

l'uniforme
el uniforme

les vêtements - la ropa

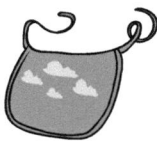

le bavoir

el babero

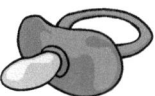

la sucette

el chupete

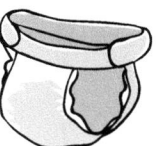

la lange

el pañal

le bureau
la oficina

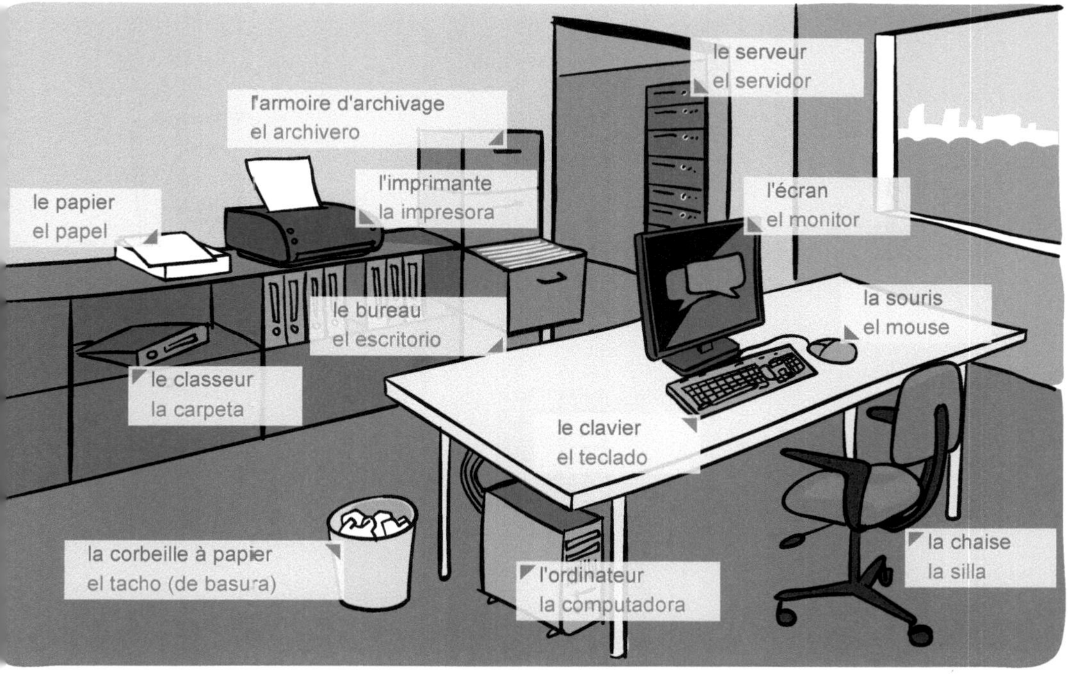

le serveur
el servidor
l'armoire d'archivage
el archivero
le papier
el papel
l'imprimante
la impresora
l'écran
el monitor
la souris
el mouse
le bureau
el escritorio
le classeur
la carpeta
le clavier
el teclado
la corbeille à papier
el tacho (de basura)
l'ordinateur
la computadora
la chaise
la silla

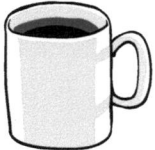

la tasse de café

la taza de café

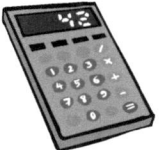

la calculatrice

la calculadora

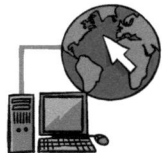

l'internet

el internet

l'ordinateur portable
la laptop

la lettre
la carta

le message
el mensaje

le portable
el celular

le réseau
la red

la photocopieuse
la fotocopiadora

le logiciel
el software

le téléphone
el teléfono

la prise
el tomacorriente

le fax
el fax

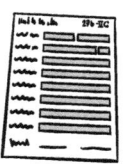

le formulaire
el formulario

le document
el documento

acheter

comprar

payer

pagar

faire du commerce

hacer negocios

la monnaie

el dinero

le dollar

el dólar

l'euro

el euro

le yen

el yen

le rouble

el rublo

le franc suisse

el franco suizo

le renminbi yuan

el yuan

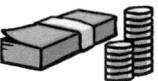

la roupie

la rupia

le distributeur automatique

el cajero automático

le bureau de change

la casa de cambio

l'or

el oro

l'argent

la plata

le pétrole

el petróleo

l'énergie

la energía

le prix

el precio

le contrat

el contrato

la taxe

el impuesto

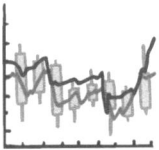

l'action

la acción

travailler

trabajar

l'employé

el empleado

l'employeur

el empleador

l'usine

la fábrica

le magasin

el negocio

les professions
las ocupaciones

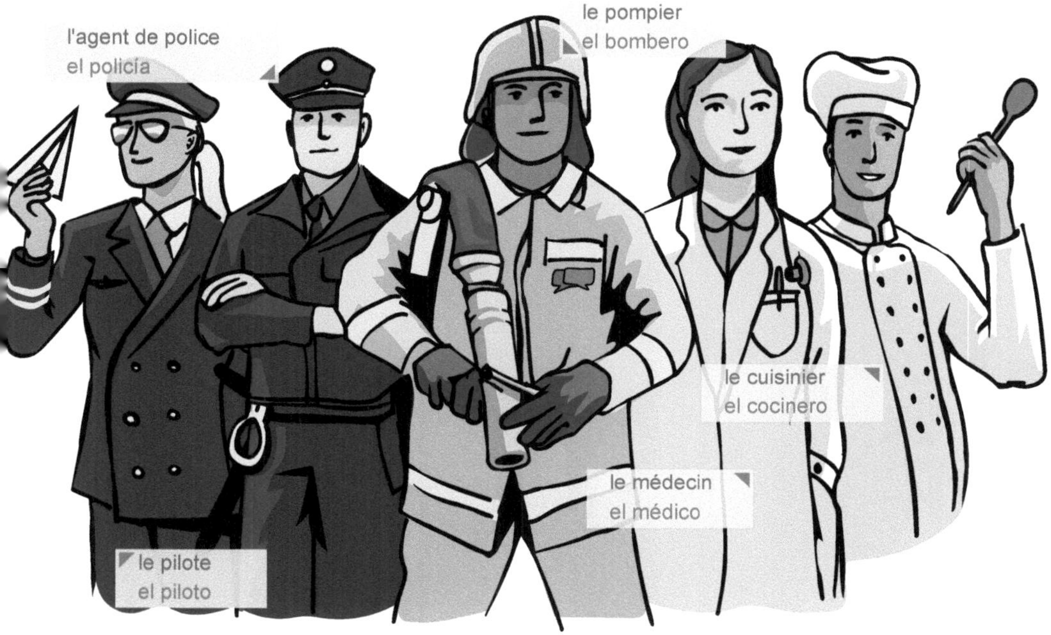
l'agent de police
el policía
le pompier
el bombero
le cuisinier
el cocinero
le médecin
el médico
le pilote
el piloto

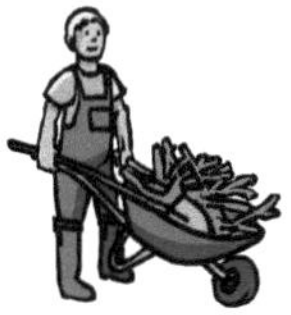

le jardinier

el jardinero

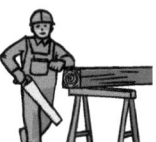

le menuisier

el carpintero

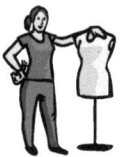

la couturière

la modista

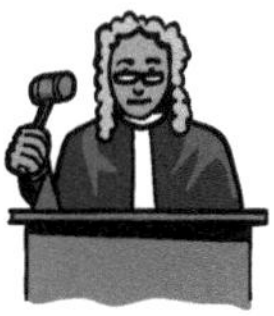

le juge

el juez

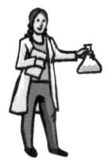

le chimiste

el farmacéutico

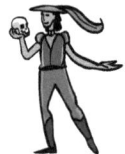

l'acteur

el actor

le conducteur de bus

el colectivero

le chauffeur de taxi

el taxista

le pêcheur

el pescador

la femme de ménage

la mucama

le couvreur

el techista

le serveur

el mozo

le chasseur

el cazador

le peintre

el pintor

le boulanger

el panadero

l'électricien

el electricista

l'ouvrier

el albañil

l'ingénieur

el ingeniero

le boucher

el carnicero

le plombier

el plomero

le facteur

el cartero

les professions - las ocupaciones

le soldat

el soldado

l'architecte

el arquitecto

le caissier

el cajero

le fleuriste

el florista

le coiffeur

el peluquero

le contrôleur

el cobrador

le mécanicien

el mecánico

le capitaine

el capitán

le dentiste

el dentista

le scientifique

el científico

le rabbin

el rabino

l'imam

el imán

le moine

el monje

le prêtre

el sacerdote

les outils
las herramientas

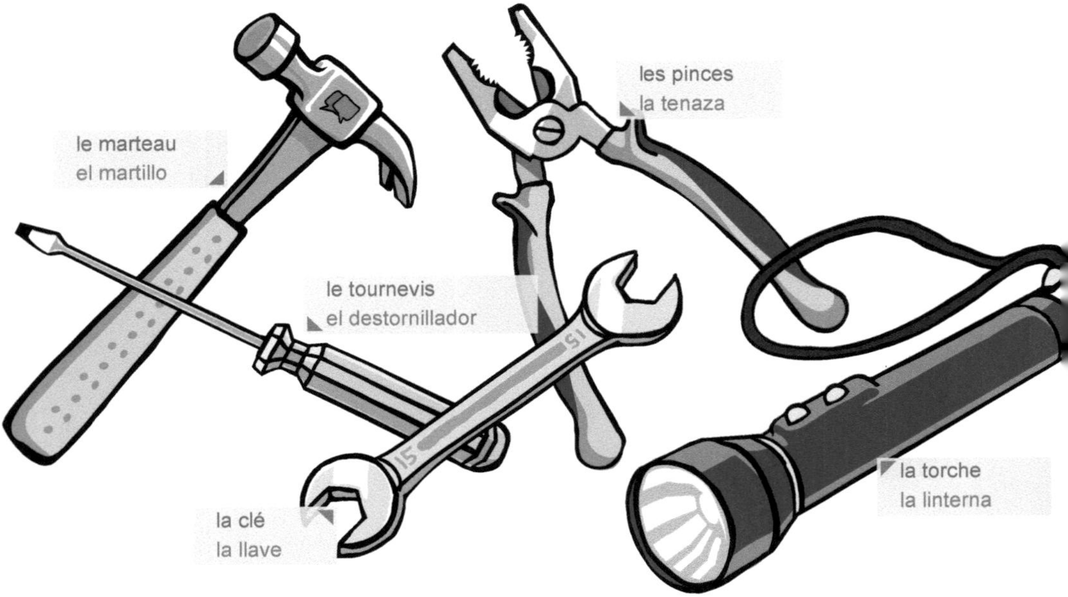

le marteau
el martillo

les pinces
la tenaza

le tournevis
el destornillador

la clé
la llave

la torche
la linterna

la pelleteuse

la excavadora

la boîte à outils

la caja de herramientas

l'échelle

la escalera portátil

la scie

la sierra

les clous

los clavos

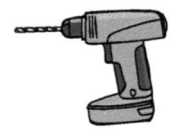

la perceuse

el taladro

réparer
arreglar

la pelle
la pala de jardín

Mince !
¡Qué bronca!

la pelle
la pala de plástico

le pot de peinture
el tacho de pintura

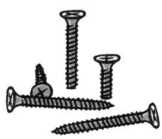

les vis
los tornillos

les instruments de musique
los instrumentos musicales

le haut-parleurs
el parlante

la batterie
la batería

la guitare
la guitarra

la contrebasse
el contrabajo

la trompette
la trompeta

le piano

el piano

le violon

el violín

la basse

el bajo

les timbales

los timbales

le tambour

el tambor

le piano électrique

el teclado

le saxophone

el saxofón

la flûte

la flauta

le microphone

el micrófono

les instruments de musique - los instrumentos musicales

le zoo
el zoológico

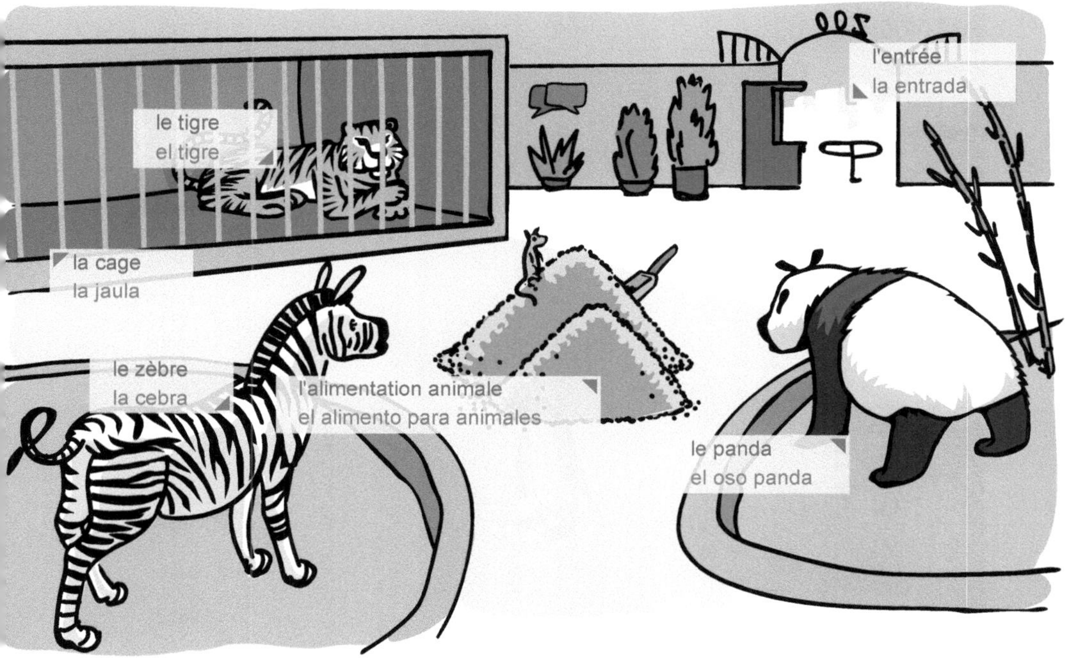
l'entrée
la entrada
le tigre
el tigre
la cage
la jaula
le zèbre
la cebra
l'alimentation animale
el alimento para animales
le panda
el oso panda

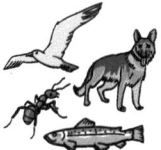

les animaux

los animales

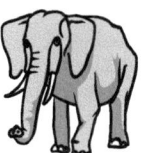

l'éléphant

el elefante

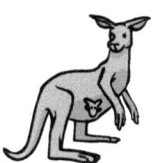

le kangourou

el canguro

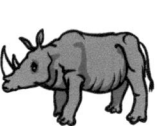

le rhinocéros

el rinoceronte

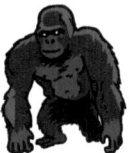

le gorille

el gorila

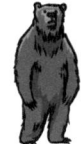

l'ours

el oso

le chameau

el camello

l'autruche

el avestruz

le lion

el león

le singe

el mono

le flamand rose

el flamenco

le perroquet

el loro

l'ours polaire

el oso polar

le pingouin

el pingüino

le requin

el tiburón

le paon

el pavo real

le serpent

la serpiente

le crocodile

el cocodrilo

le gardien de zoo

el cuidador del zoológico

le phoque

la foca

le jaguar

el jaguar

le poney

el poni

le léopard

el leopardo

l'hippopotame

el hipopótamo

la girafe

la jirafa

l'aigle

el águila

le sanglier

el jabalí

le poisson

el pescado

la tortue

la tortuga

le morse

la morsa

le renard

el zorro

la gazelle

la gacela

l'american Football
el fútbol americano

le cyclisme
el ciclismo

le tennis
el tenis

le basket-ball
el básquet

la natation
la natación

la boxe
el boxeo

le hockey sur glace
el hockey sobre hielo

le football
el fútbol

le badminton
el bádminton

l'athlétisme
el atletismo

le handball
el handball

le ski
el esquí

le polo
el polo

les activités
las actividades

rire
reír
sauter
saltar
embrasser
abrazar
marcher
caminar
chanter
cantar
rêver
soñar
prier
rezar
faire la bise
besar

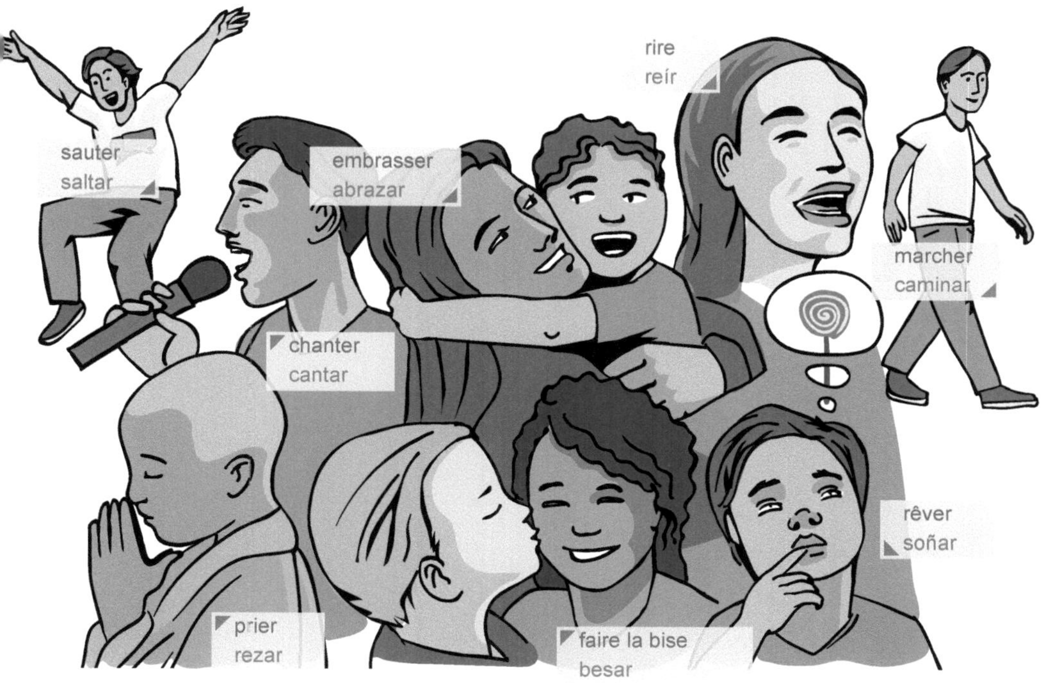

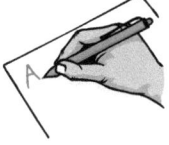

écrire
escribir

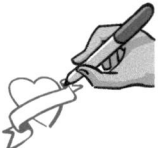

dessiner
dibujar

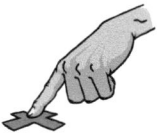

montrer
mostrar

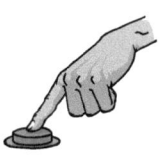

pousser
presionar

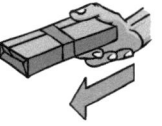

donner
dar

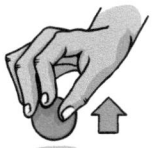

prendre
tomar

avoir

tener

être

ser

être debout

estar parado

courir

correr

trier

tirar

jeter

tirar

tomber

caer

être couché

estar acostado

attendre

esperar

porter

llevar

être assis

estar sentado

s'habiller

vestirse

dormir

dormir

se réveiller

despertar

faire

hacer

regarder

mirar

pleurer

llorar

caresser

acariciar

peigner

peinar

parler

hablar

comprendre

entender

demander

preguntar

écouter

escuchar

boire

beber

manger

comer

ranger

ordenar

aimer

amar

cuire

cocinar

conduire

manejar

voler

volar

les activités - las actividades

faire de la voile

navegar

calculer

calcular

lire

leer

apprendre

aprender

travailler

trabajar

se marier

casarse

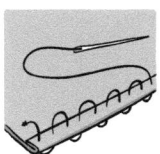

coudre

coser

brosser les dents

cepillarse los dientes

tuer

matar

fumer

fumar

envoyer

enviar

la famille
la familia

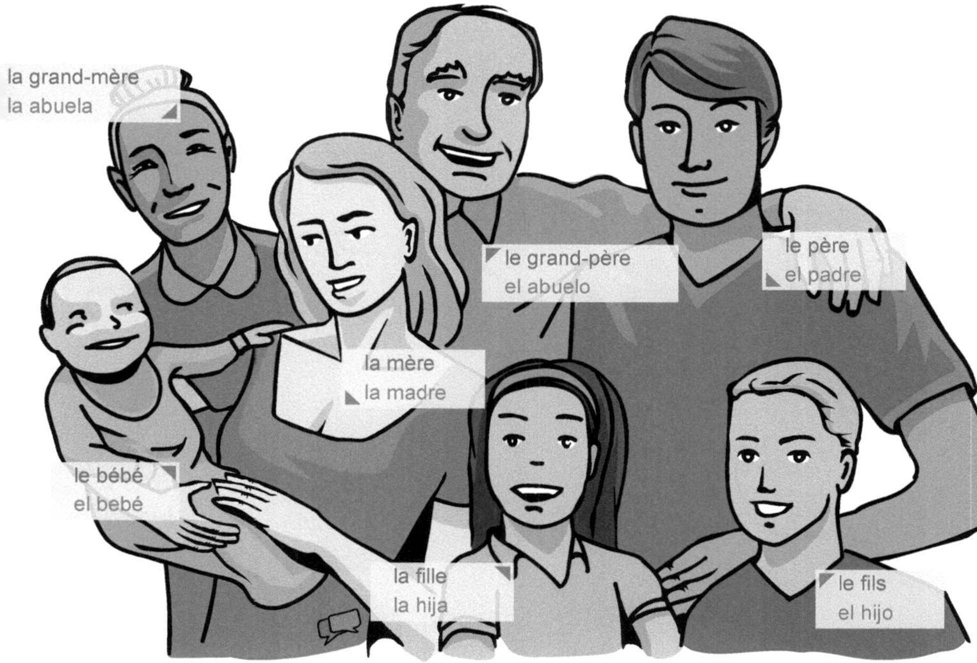
la grand-mère
la abuela
le grand-père
el abuelo
le père
el padre
la mère
la madre
le bébé
el bebé
la fille
la hija
le fils
el hijo

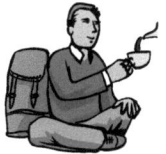

l'hôte
el invitado

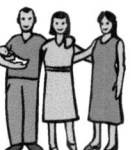

la tante
la tía

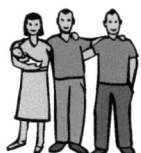

l'oncle
el tío

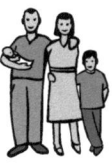

le frère
el hermano

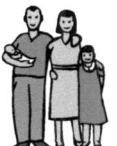

la sœur
la hermana

le corps

el cuerpo

le front
la frente
l'œil
el ojo
l'épaule
el hombro
le doigt
el dedo
le visage
la cara
le menton
la pera
la main
la mano
la jambe
la pierna
la poitrine
el pecho
le bras
el brazo

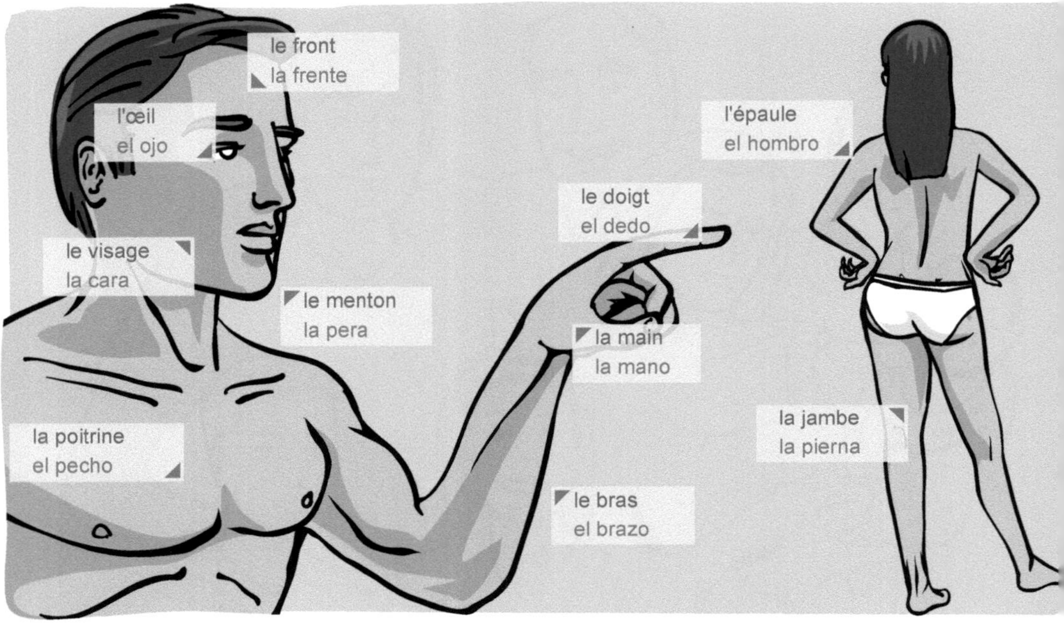

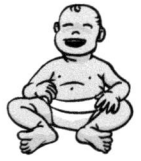

le bébé

el bebé

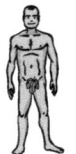

l'homme

el hombre

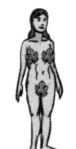

la femme

la mujer

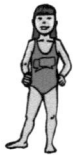

la fille

la nena

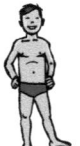

le garçon

el nene

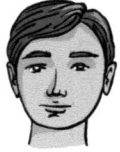

la tête

la cabeza

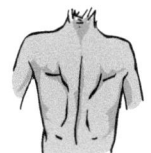

le dos

la espalda

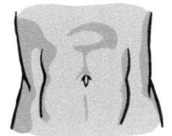

le ventre

la panza

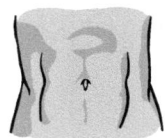

le nombril

el ombligo

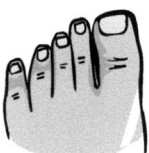

l'orteil

el dedo del pie

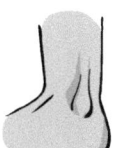

le talon

el talón

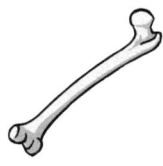

l'os

el hueso

la hanche

la cadera

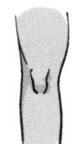

le genou

la rodilla

le coude

el codo

le nez

la nariz

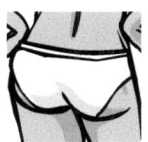

les fesses

la cola

la peau

la piel

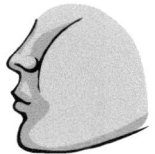

la joue

el cachete

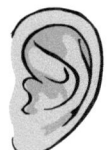

l'oreille

la oreja

la lèvre

el labio

la bouche
la boca

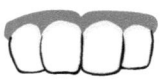

la dent
el diente

la langue
la lengua

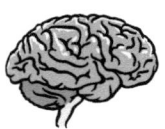

le cerveau
el cerebro

le cœur
el corazón

le muscle
el músculo

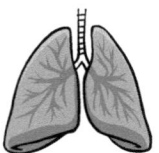

les poumons
el pulmón

le foie
el hígado

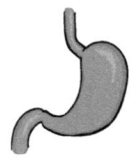

l'estomac
el estómago

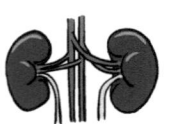

les reins
los riñones

le rapport sexuel
el sexo

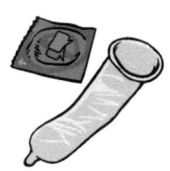

le préservatif
el preservativo

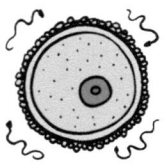

l'ovule
el óvulo

le sperme
el semen

la grossesse
el embarazo

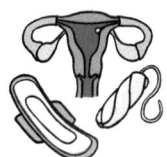

la menstruation
la menstruación

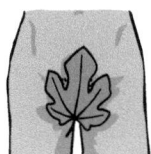

le vagin
la vagina

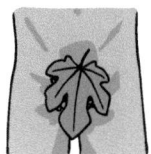

le pénis
el pene

le sourcil
la ceja

les cheveux
el pelo

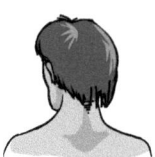

le cou
el cuello

l'hôpital
el hospital

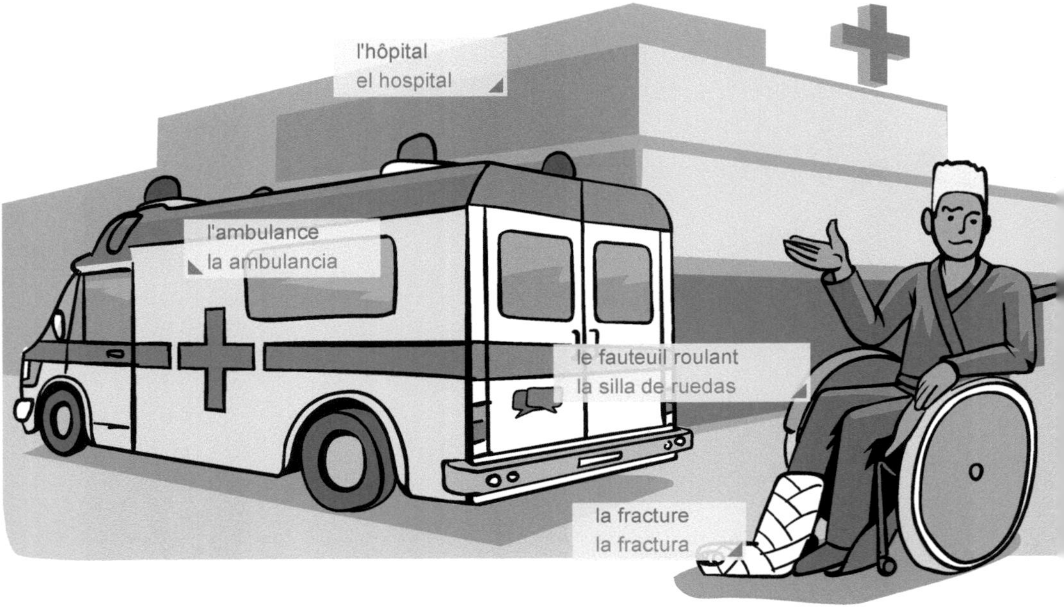

l'hôpital
el hospital
l'ambulance
la ambulancia
le fauteuil roulant
la silla de ruedas
la fracture
la fractura

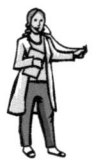

le médecin

el médico

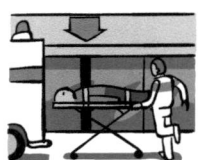

le service des urgences

la sala de guardia

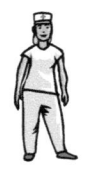

l'infirmière

la enfermera

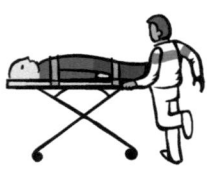

l'urgence

la emergencia

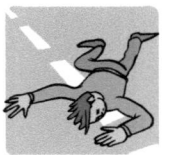

inconscient

inconsciente

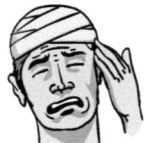

la douleur

el dolor

la blessure
la lesión

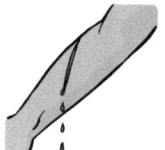

l'hémorragie
la hemorragia

la crise cardiaque
el infarto

l'attaque cérébrale
el ACV

l'allergie
la alergia

la toux
la tos

la fièvre
la fiebre

la grippe
la gripe

la diarrhée
la diarrea

le mal de tête
el dolor de cabeza

le cancer
el cáncer

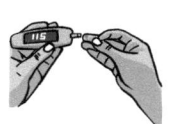

le diabète
la diabetes

le chirurgien
el cirujano

le scalpel
el bisturí

l'opération
la operación

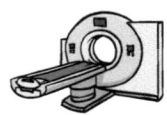

le CT
la TC

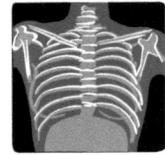

la radiographie
los rayos x

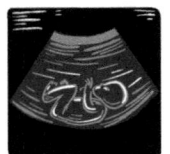

l'échographie
la ecografía

le masque
el barbijo

la maladie
la enfermedad

la salle d'attente
la sala de espera

la béquille
la muleta

le pansement
la curita

le pansement
la venda

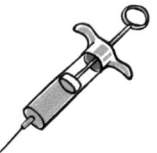

l'injection
la inyección

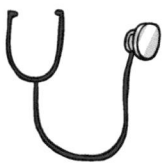

le stéthoscope
el estetoscopio

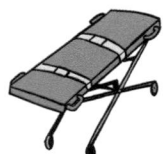

le brancard
la camilla

le thermomètre
el termómetro

l'accouchement
el nacimiento

la surcharge pondérale
el sobrepeso

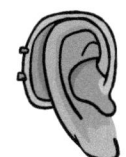

l'appareil auditif

el audífono

le désinfectant

el desinfectante

l'infection

la infección

le virus

el virus

le VIH / le sida

el VIH / SIDA

le médicament

el remedio

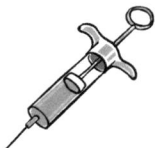

la vaccination

la vacunación

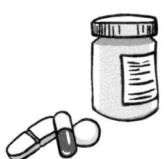

les comprimés

los comprimidos

la pilule

la pastilla anticonceptiva

l'appel d'urgence

la llamada de emergencia

le tensiomètre

el tensiómetro

malade / sain

enfermo / sano

Au secours !

¡Ayuda!

l'alarme

la alarma

l'assaut

la agresión

l'attaque

el ataque

le danger

el peligro

la sortie de secours

la salida de emergencia

Au feu!

¡Fuego!

l'extincteur

el matafuego

l'accident

el accidente

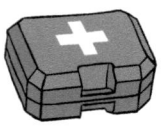

la trousse de premier secours

el botiquín de primeros auxilios

SOS

el SOS

la police

la policía

l'Europe

Europa

l'Amérique du Nord

América del Norte

l'Amérique du Sud

América del Sur

l'Afrique

África

l'Asie

Asia

l'Australie

Australia

l'Océan atlantique

el Atlántico

l'Océan pacifique

el Pacífico

l'Océan indien

el Océano Índico

l'Océan antarctique

el Océano Antártico

l'Océan arctique

el Océano Ártico

le Pôle nord

el polo norte

le Pôle sud

el polo sur

l'Antarctique

la Antártida

la terre

la Tierra

le pays

la tierra

la mer

el mar

l'île

la isla

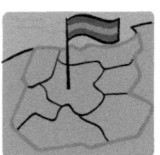

la nation

la nación

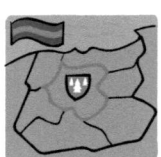

l'état

el estado

le cadran

la esfera

l'aiguille des heures

la manecilla de las horas

l'aiguille des minutes

el minutero

l'aiguille des secondes

el segundero

Quelle heure est-il ?

¿Qué hora es?

le jour

el día

le temps

la hora

maintenant

ahora

la montre digitale

el reloj digital

la minute

el minuto

l'heure

la hora

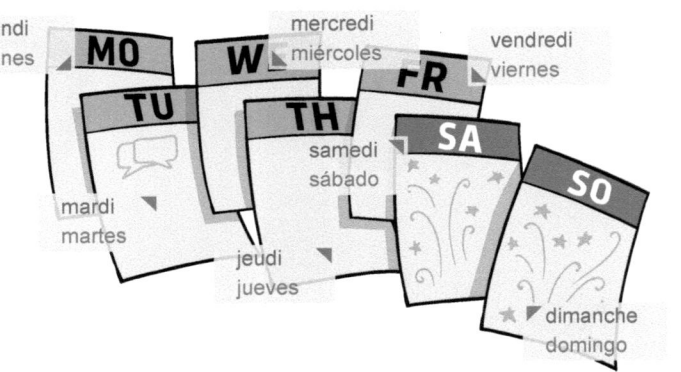

lundi / lunes — MO
mardi / martes — TU
mercredi / miércoles — W
jeudi / jueves — TH
vendredi / viernes — FR
samedi / sábado — SA
dimanche / domingo — SO

hier
ayer

aujourd'hui
hoy

demain
mañana

le matin
la mañana

le midi
el mediodía

le soir
la tarde

MO	TU	WE	TH	FR	SA	SU
1	2	3	4	5	6	7
8	9	10	11	12	13	14
15	16	17	18	19	20	21
22	23	24	25	26	27	28
29	30	31	1	2	3	4

les jours ouvrables
los días hábiles

MO	TU	WE	TH	FR	SA	SU
1	2	3	4	5	6	7
8	9	10	11	12	13	14
15	16	17	18	19	20	21
22	23	24	25	26	27	28
29	30	31	1	2	3	4

le week-end
el fin de semana

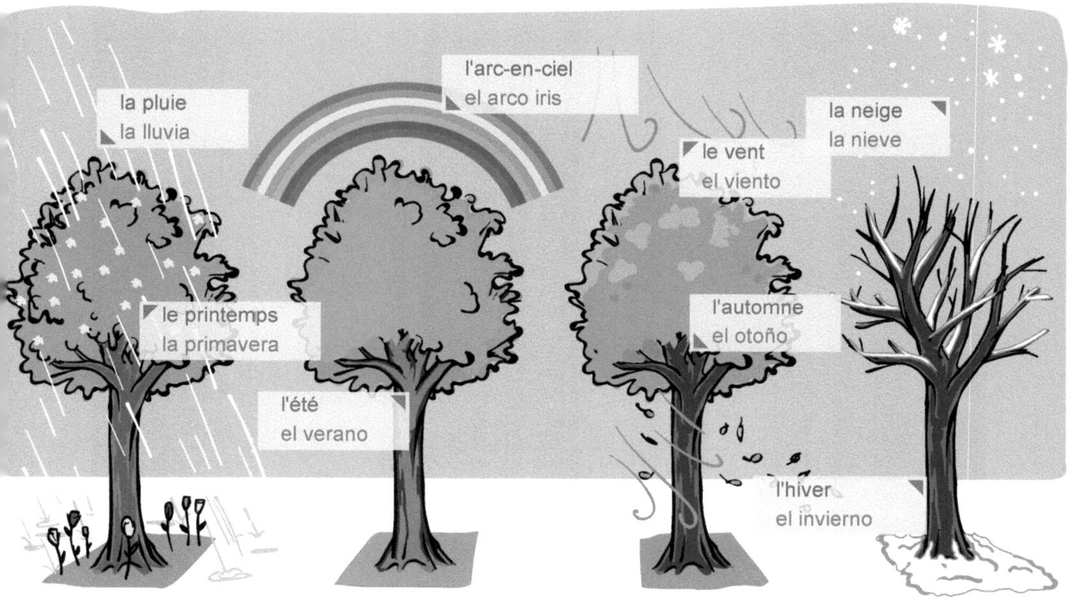

la pluie
la lluvia
l'arc-en-ciel
el arco iris
la neige
la nieve
le vent
el viento
le printemps
la primavera
l'automne
el otoño
l'été
el verano
l'hiver
el invierno

4.APRIL 11°
5.APRIL 4°
6.APRIL 13°
7.APRIL 8°
8.APRIL 10°

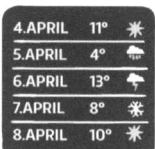

la météo
el pronóstico meteorológico

F
C
120
90
60
30
0
-30
40
30
20
10
0
-10
-20

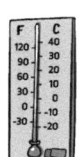

le thermomètre
el termómetro

la lumière du soleil
la luz del sol

le nuage
la nube

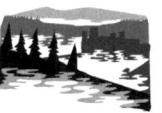

le brouillard
la niebla

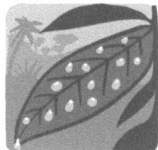

l'humidité
la humedad

la foudre

el rayo

la tonnerre

el trueno

la tempête

la tormenta

la grêle

el granizo

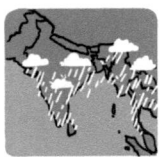

la mousson

el monzón

l'inondation

la inundación

la glace

el hielo

janvier

enero

février

febrero

mars

marzo

avril

abril

mai

mayo

juin

junio

juillet

julio

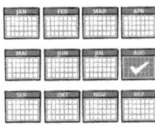

août

agosto

septembre
septiembre

octobre
octubre

novembre
noviembre

décembre
diciembre

les formes
las formas

le cercle
el círculo

le carré
el cuadrado

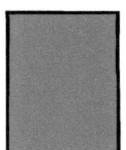

le rectangle
el rectángulo

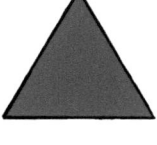

le triangle
el triángulo

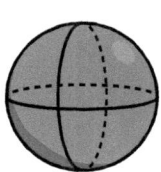

la sphère
la esfera

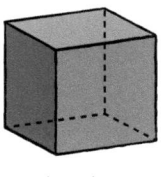

le cube
el cubo

blanc

blanco

jaune

amarillo

orange

naranja

rose

rosa

rouge

rojo

violet

violeta

bleu

azul

vert

verde

marron

marrón

gris

gris

noir

negro

beaucoup / peu

mucho / poco

fâché / calme

enojado / tranquilo

joli / laid

lindo / feo

le début / la fin

el principio / el fin

grand / petit

grande / chico

clair / obscure

claro / oscuro

frère / soeur

el hermano / la hermana

propre / sale

limpio / sucio

complet / incomplet

completo / incompleto

le jour / la nuit

el día / la noche

mort / vivant

muerto / vivo

large / étroit

ancho / angosto

comestible / incomestible

comestible / no comestible

méchant / gentil

malo / amable

excité / ennuyé

entusiasmado / aburrido

gros / mince

gordo / flaco

le premier / le dernier

primero / último

l'ami / l'ennemi

el amigo / el enemigo

plein / vide

lleno / vacío

dur / souple

duro / blando

lourd / léger

pesado / liviano

faim / soif

el hambre / la sed

malade / sain

enfermo / sano

illégal / légal

ilegal / legal

intelligent / stupide

inteligente / estúpido

gauche / droite

izquierda / derecha

proche / loin

cerca / lejos

nouveau / usé

nuevo / usado

rien / quelque chose

nada / algo

vieux / jeune

viejo / joven

marche / arrêt

encendido / apagado

ouvert / fermé

abierto / cerrado

faible / fort

silencioso / ruidoso

riche / pauvre

rico / pobre

correct / incorrect

correcto / incorrecto

rugueux / lisse

áspero / suave

triste / heureux

triste / contento

court / long

corto / largo

lent / rapide

lento / rápido

mouillé / sec

mojado / seco

chaud / froid

caliente / frío

la guerre / la paix

guerra / paz

0

zéro
cero

1

un / une
uno

2

deux
dos

3

trois
tres

4

quatre
cuatro

5

cinq
cinco

6

six
seis

7

sept
siete

8

huit
ocho

9

neuf
nueve

10

dix
diez

11

onze
once

12

douze

doce

13

treize

trece

14

quatorze

catorce

15

quinze

quince

16

seize

dieciséis

17

dix-sept

diecisiete

18

dix-huit

dieciocho

19

dix-neuf

diecinueve

20

vingt

veinte

100

cent

cien

1.000

mille

mil

1.000.000

le million

el millón

l'anglais

el inglés

l'anglais américain

el inglés americano

le chinois mandarin

el chino mandarín

le hindi

el hindi

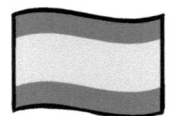

l'espagnol

el español

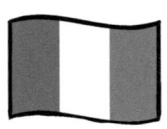

le français

el francés

l'arabe

el árabe

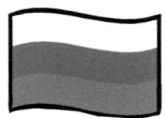

le russe

el ruso

le portugais

el portugués

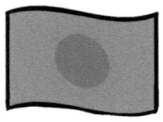

le bengali

el bengalí

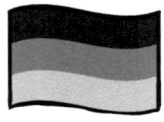

l'allemand

el alemán

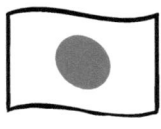

le japonais

el japonés

je

yo

tu

vos

il / elle / ce, c', cela

él / ella

nous

nosotros

vous

ustedes

ils / elles

ellos

Qui ?

¿quién?

Quoi ?

¿qué?

Comment ?

¿cómo?

Où ?

¿dónde?

Quand ?

¿cuándo?

le nom

el nombre

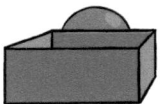

derrière

detrás

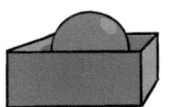

dans

en

devant

adelante de

au-dessus

por encima de

sur

sobre

en-dessous

debajo de

à côté de

al lado de

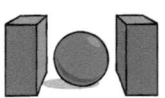

entre

entre

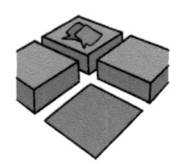

le lieu

el lugar